Inhaltsverzeichnis

Ich bin Pepe.

Alphabetische Strategie

Das ABC 2
Selbstlaute und Mitlaute . 4
Umlaute 6
Kurzer Selbstlaut oder
langer Selbstlaut? 8
Harte und weiche Mitlaute:
b – p 10
Harte und weiche Mitlaute:
d – t 12
Harte und weiche Mitlaute:
g – k 14
Harte und weiche Mitlaute 16
Was wir sprechen,
mit Buchstaben schreiben 18
Silbensprache (1) 20
Silbensprache (2) 22
Sch – sch 26
ch 28
ng 30
Pf – pf 32
ie 44

Orthographische Strategie

Stolperwörter und
ihre Familien 24
a und u werden
zusammen au 36
e und i werden
zusammen ei 37
e und u werden
zusammen eu 38
Qu – qu 39
St – st 40
Sp – sp 42
Merk-würdige Wörter ... 58
Merkwörter (1) 60
Merkwörter (2) 62

Morphematische Strategie

Das Ende kann täuschen:
-er 46
Das Ende kann täuschen:
-el 48
Das Ende kann täuschen:
-en 50

Grammatische Strategie

Namenwörter 52
Der Satzanfang 56

Abschreibtraining

Wörter abschreiben 34
Sätze abschreiben 54

Alles Chinesisch? 64

Das ABC

1 Sternen-ABC: Schreibe in jeden Stern den großen und kleinen Buchstaben.

2 In jeder Rakete steht ein Stück vom ABC. Darin fehlt immer ein Buchstabe.

Die fehlenden Buchstaben verraten dir den Namen eines Sternbildes: __ __ __ __ __
                           1 2 3 4 5

Kontrolliere dich nach jedem Wort selbst!

3 Im Wörterbuch sind alle Wörter nach dem ABC geordnet. Finde zu jedem Buchstaben ein Wort.

_____   _____   _____

_____   _____   _____

_____   _____   _____

_____   _____   _____

_____   _____   _____

_____   _____   _____

_____   _____   _____

_____   _____

4 Gibt es im Wörterbuch ein Wort, das dir besonders gut gefällt?

_____

korrigiert:

Selbstlaute und Mitlaute

1 Im ABC haben die Buchstaben Namen.
Ergänze, was du dabei hörst.

a b_e_ c_e_ d_e_ e _e_f g_e_

h_a_ i jott k_a_ _e_l _e_m _e_n

o p_e_ qu ku _e_r _e_s t_e_

u v au w_e_ _i_x y psilon z ett

2 Einige der Buchstaben klingen ganz alleine – von selbst.
Male sie bei Aufgabe 1 orange an.

Wie heißen die Selbstlaute? _____

3 Die restlichen Buchstaben brauchen Mit-Klinger.
Male sie bei Aufgabe 1 blau an.

Wie heißen die Mitlaute? _____

_____

?! Wie viele Selbstlaute gibt es? ___

Wie viele Mitlaute gibt es? ___

4 In dem Kreuzworträtsel fehlen alle Selbstlaute. Schreibe sie in die Kästchen.

5 Zauberwörter! Tausche gegen diese Mitlaute aus: Z M l T l

F isch   Mau s   R eh   R atte   Scha f

korrigiert:

Umlaute

Bürsten mit schwarzen Borsten bürsten besser als Bürsten mit weißen Borsten bürsten.

Der Grabengräber gräbt die Gräber, der Grubengräber gräbt die Gruben.

Klaus Knöpf liebt Knödel, Klöße und Klöpse. Knödel, Klöße und Klöpse liebt Klaus Knöpf.

(1) In jedem Zungenbrecher kommt ein Umlaut besonders häufig vor.

Wie heißen die drei Umlaute? _____
Markiere sie orange.

Was haben alle Umlaute gemeinsam? _____

(2) Versuche die Zungenbrecher möglichst schnell und ohne Versprecher aufzusagen.

Denke bei den Umlauten immer an die zwei Punkte.

③ Wandle um: a wird zu ä
o wird zu ö
u wird zu ü.

 eine Hand ➡ viele _____

 ein Vogel ➡ viele _____

 eine Mutter ➡ viele _____

 ein Ast ➡ viele _____

 ein Wort ➡ viele _____

 ein Fuß ➡ viele _____

④ Welcher Umlaut passt? Ä/ä, Ö/ö oder Ü/ü?

der B◆r,   die T◆r,   b◆se,   die ◆pfel,

der Fl◆gel,   der M◆rz,   das ◆l,   h◆ren,

k◆ssen,   die H◆lfte,   fr◆hlich,   z◆hlen

korrigiert:

Kurzer Selbstlaut 🟢 oder langer Selbstlaut 🟩 ?

1 Diese Maschine sortiert die Wörter nach kurzen und langen **Selbstlauten**.

malen Ball Hase fallen Gras Vater Mann Waffel

Markiere kurzes a so: Ba̦nk
Markiere langes a so: Ga̲bel

8

2 Sortiere und markiere:

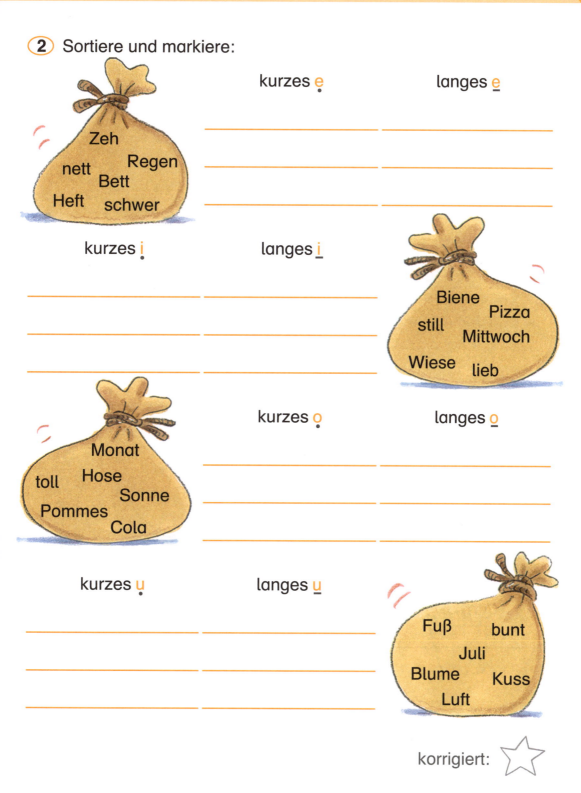

kurzes e̯ — langes e̱

Wörter im Sack: Zeh, nett, Regen, Bett, Heft, schwer

kurzes i̯ — langes i̱

Wörter im Sack: Biene, Pizza, still, Mittwoch, Wiese, lieb

kurzes o̯ — langes o̱

Wörter im Sack: Monat, toll, Hose, Sonne, Pommes, Cola

kurzes u̯ — langes u̱

Wörter im Sack: Fuß, bunt, Juli, Blume, Kuss, Luft

korrigiert: ☆

Harte und weiche Mitlaute: b – p

① Halte deine Hand ganz nah vor den Mund.
Sage einmal b und einmal p. Was fällt dir auf?

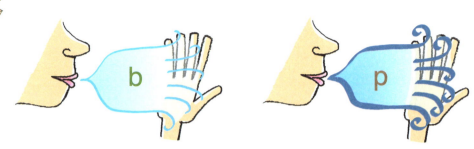

② Kreise die Dinge, die mit einem B anfangen, grün ein.
Kreise die Dinge, die mit einem P anfangen, braun ein.

Überprüfe mit dem Trick von Aufgabe 1.

3 Setze zu Wörtern zusammen:

sie- ge-
le- ben lie-
blei- schrei-

pier pa
ket Pa- nama
ris pagei

4 Schwierig zu lesen?
Schreibe die Wörter noch einmal in die Zeile darunter.

Brause Blüte bringen Probe

korrigiert:

Harte und weiche Mitlaute: d – t

1 Halte deine Hand ganz nah vor den Mund.
Sage einmal d und einmal t.
Was fällt dir auf?

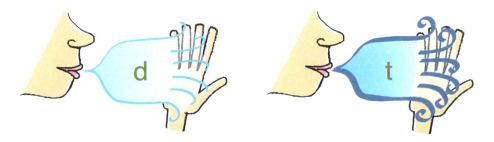

2 Kreise die Dinge, die mit einem D anfangen, grün ein.
Kreise die Dinge, die mit einem T anfangen, braun ein.

Überprüfe mit dem Trick von Aufgabe 1.

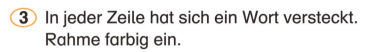

3 In jeder Zeile hat sich ein Wort versteckt.
Rahme farbig ein.

G	m	ü	d	e	B	f	p
Y	d	r	e	i	O	Q	Y
y	J	L	e	u	t	e	M
B	r	u	d	e	r	Z	A
T	i	e	r	o	N	w	r
Z	M	T	a	g	S	k	v
l	f	d	u	n	k	e	l
h	i	n	t	e	n	m	X

4 Sortiere die Wörter aus Aufgabe 3:

Wörter mit D/d am Anfang	Wörter mit d in der Mitte

Wörter mit T/t am Anfang	Wörter mit t in der Mitte

müde, drei, Leute, Bruder, Tier, Tag, dunkel, hinten

korrigiert:

Harte und weiche Mitlaute: g – k

① Halte deine Hand ganz nah vor den Mund.
Sage einmal g und einmal k.
Was fällt dir auf?

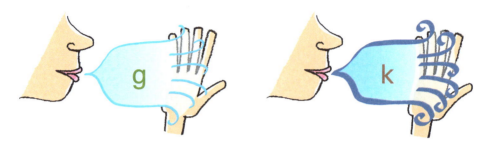

② Kreise die Dinge, die mit einem G anfangen, grün ein.
Kreise die Dinge, die mit einem K anfangen, braun ein.

Überprüfe mit dem Trick von Aufgabe 1.

3 Setze die richtigen Wörter in die Lücken ein.
Markiere jeweils k mit Braun und g mit Grün.

Einer der zwölf Monate heißt _____.

Eine Woche hat sieben _____.

Im Herbst _____ wir für die reiche Ernte.

Meine Regenjacke hängt am _____.

Die Vögel _____ den Frühling an.

Der _____ wird bei Glatteis gefährlich.

danken   Oktober   Verkehr   Tage   Haken   sagen

4 Welch ein Durcheinander! Schreibe die Wörter.

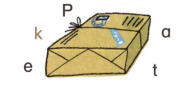

die _____

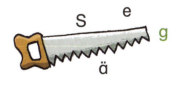

die _____

das _____

die _____

korrigiert:

15

Harte und weiche Mitlaute

1 Die Mitlaute $\frac{B}{b}$, $\frac{P}{p}$, $\frac{D}{d}$, $\frac{T}{t}$, $\frac{G}{g}$ und $\frac{K}{k}$ (Seiten 10–15) lassen sich in zwei Gruppen einteilen.
Ordne richtig in die Sprechblasen.

wenig Luft   viel Luft

weiche Mitlaute   harte Mitlaute

2 Entscheide: $\frac{D}{d}$ oder $\frac{T}{t}$?

Schreibe das Wort noch einmal auf die Zeile und markiere mit der richtigen Farbe.

die Er___e   die ___ose   die ___an___e

_____   _____   _____

die Ern___e   die ___ulpe   ___unkel

_____   _____   _____

ges___ern   re___en   gif___ig

_____   _____   _____

16

3 Entscheide: G/g oder K/k?

Schreibe das Wort noch einmal auf die Zeile und markiere mit der richtigen Farbe.

Prüfe mit deiner Hand.

die ___lasse   das ___eld   das Lexi___on

_____   _____   _____

der Au___ust   mor___en   der O___tober

_____   _____   _____

e___al   die Ra___ete

_____   _____

4 Entscheide: B/b oder P/p?

Schreibe das Wort noch einmal auf die Zeile und markiere mit der richtigen Farbe.

das ___ony   die ___izza   der ___auch

_____   _____   _____

___aden   a___ends   der O___a

_____   _____   _____

die Am___el   ge___en   der Ne___el

_____   _____   _____

korrigiert:

17

Was wir sprechen, mit Buchstaben schreiben

1 Wie viele Laute hörst du in jedem Wort?
Sprich die Wörter deutlich und male für jeden Laut einen Kreis.

2 Schreibe die Wörter. Sprich dabei langsam und deutlich mit.

die _____   die _____   die _____

die _____   das _____   das _____

?! Zähle die Laute eines Wortes. Zähle die Buchstaben, die du dafür geschrieben hast. Was stellst du fest?

_____

_____

3 Bei jedem Wort fehlt etwas. Sprich deutlich mit. Trage den fehlenden Buchstaben ein.

die T o m a t _   die A m _ e l   das L e x i _ o n
die ○○○○○○   die ○○○○○   das ○○○○○○○

der W _ l   das N a s h o r _   das Z e b _ a
der ○○○   das ○○○○○○○   das ○○○○○

korrigiert:

Sil ben spra che (1)

1 Lies und schwinge die Bögen in der Luft mit.

E ne   be ne   sub tra he ne
di vi   da vi   do mi no
Eck   Speck   Dreck
und   du   bist   weg.

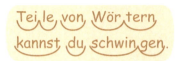
Tei le von Wör tern kannst du schwingen.

2 Wie viele Bögen brauchst du für diese Wörter?
Male für jeden Schwung einen Bogen.

Diese Teile heißen **Silben**.

3 Verbinde die erste Silbe mit der passenden zweiten Silbe.
Schreibe die Wörter auf.

lau •	• ben	ru •	• gen
ma •	• fen	spie •	• den
kle •	• zen	re •	• fen
tan •	• len	tra •	• len

laufen

_____

_____

_____

4 Setze die Silben zusammen. Schreibe die Wörter auf.

| ME – K̶E̶ – LO – DELN – NE – G̶U̶R̶ – TE |
| TOR – TO – TE – MA – SA – NU – LAT |

die Gurke   die _____   der _____

die _____   die _____   die _____

korrigiert:

Sil|ben|spra|che (2)

① Ordne die Wörter in den passenden Koffer.

Hut   Regenschirm   Buch   Mantel   Badehose   Tuch
Gürtel   Morgenmantel   Taschentuch   Schal   Malsachen
Unterhose   Taschenlampe   Bluse   Lexikon   Lego

2 Male alle Selbstlaute und Umlaute orange an.

Rü ben   Fe der   Li sa   Rä der

U hu   Mar me la de   Ro se

Ta fel   Ro si ne   Lo ko mo ti ve

?! In jeder Silbe _____ .

3 Hier fehlen die klingenden Laute.
Ergänze sie orange. Schreibe die Wörter.
Zeichne die Silbenbögen.

G_e_s__cht

das _____

Z__tr__n__

die _____

K__f__g

der _____

T__l__f__n

das _____

korrigiert:

Stolperwörter und ihre Familien

1 Zwei Wörter gehören zur gleichen Familie.
Male sie jeweils mit der gleichen Farbe an.

der Baum	die Hände	das Haus	die Mäuse
der Apfel	die Bäume	die Äpfel	die Blätter
die Häuser	das Blatt	die Maus	die Hand

2 Ordne die Wörter aus Aufgabe 1 richtig zu.

3 Suche den kürzeren Verwandten.

die Hunde •   • der Tag

die Kinder •   • der Dieb

die Berge •   • der Hund

die Tage •   • das Sieb

die Siebe •   • der Berg

die Diebe •   • das Kind

4 Schreibe das Tunwort in der er-Form dazu.

wir füllen   er füllt

wir stellen   er

wir kommen   er

wir rollen   er

wir summen   er

wir zerren   er

korrigiert:

Sch
sch

①  Wie viele Laute sprichst du? __

| S | c | h | u | l | e | Wie viele Buchstaben schreibst du? __

② Ergänze die Lautkreise und die Zahlen.

	Laute		Buchstaben	
	○ ○ ○	3	Tisch	5
	○ ○ ○ ○	4	Schere	
			Busch	
			Tasche	
			Geschenk	
			Schwan	

Vergleiche die Anzahl der Buchstaben und Laute.
Was fällt dir auf? Warum ist das so?

26

3 Setze Sch/sch ein.

die Mu_____el   die Fla_____e   der _____uh

wa_____en   ra_____eln   die _____walbe

der _____mutz   die _____wester   der _____nee

klat_____en   die Kir_____e   der _____metterling

4 Gestalte die Muschel.
Schreibe alle Wörter von Aufgabe 3 schön in die Muschel.
Kreise Sch/sch ein.

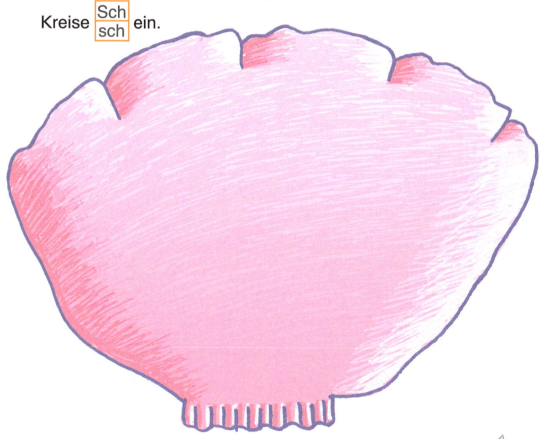

korrigiert:

ch

①  s u ch e n   Wie viele Laute sprichst du? ___

🖊 s u c h e n   Wie viele Buchstaben schreibst du? ___

ch
Ich spreche
einen Laut ...

❓ Ich spreche **einen** Laut und schreibe ___ Buchstaben.

② In jeder Zeile hat sich ein Wort versteckt.
Finde alle Wörter mit **ch** und schreibe sie auf.
Kreise alle **ch** farbig ein.

A	G	H	K	I	R	C	H	E
T	A	C	H	O	B	F	E	J
F	K	U	C	H	E	N	S	K
L	P	O	M	N	A	C	H	T
R	S	G	E	S	I	C	H	T
V	F	R	Ü	C	H	T	E	U
B	U	C	H	P	A	L	U	W
R	B	R	Ö	T	C	H	E	N

Kir(ch)e
_____
_____
_____
_____
_____
_____
_____

3 Gestalte den Drachen.
Schreibe die Wörter mit **ch** in den Drachen.
Kreise **ch** ein.

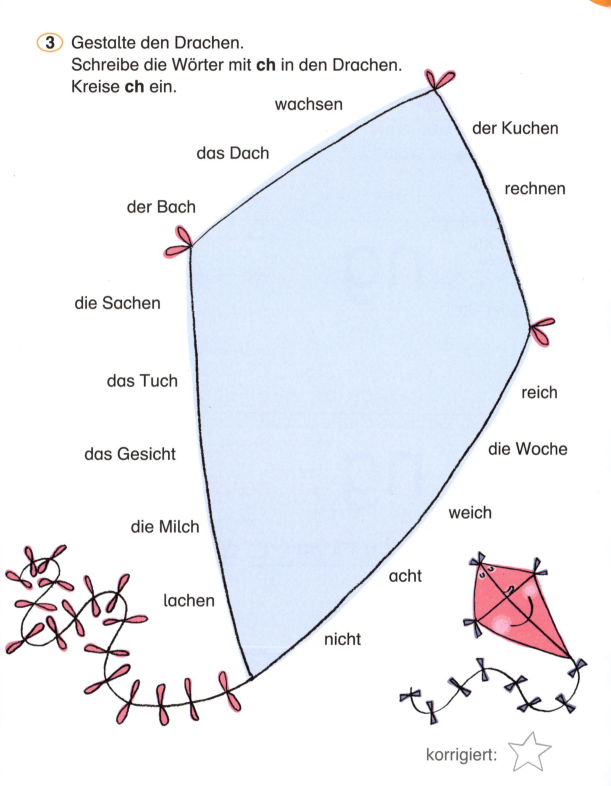

wachsen
der Kuchen
das Dach
rechnen
der Bach
die Sachen
das Tuch
reich
das Gesicht
die Woche
weich
die Milch
acht
lachen
nicht

korrigiert:

ng

la (ng) sam

Bei (ng) klingt nur ___ Laut, aber ich schreibe ___ Buchstaben.

1 Schreibe die Wörter auf.

das Di
der Kla
e
la
der Go

der Ju
die Schla
die Za
die Zu
die Me

ng e

der E
der Be
der Hu
si
bri

ng el
er
en

2 Schreibe die Wörter an die passende Stelle in das Wortgitter.

das ___ ng ___   die Angel

der ___ ng ___   der Finger

die ___ ng ___   die Klingel

das ___ ng ___   der Stängel

die ___ ___ ng ___ ___   das Ding

___ die ___ ng ___   die Lunge

der ___ ___ ng ___   das Bingo

3 Reime.

si(ng)en   schwi(ng)en   zwi(ng)en

kl_____   br_____   schl_____

Wa(ng)e   Di(ng)   fa(ng)en

St_____   R_____   b_____

korrigiert:

Pf
pf

① Markiere alle Pf/pf blau.

Gipfel
Wipfel
Regentropfen
klopfen
zupfen
Tupfen
Kopf
Zopf
Schnupfen
pflegen
Schopf
Pfui, pfui!
Pfützen schimpfen
Pflanzen hüpfen
pflücken
rupfen
Strümpfe stopfen
schlüpfen stampfen

Informationen für Eltern und Lehrer

Richtig schreiben lernen mit den Rechtschreib-Stars

Aufbau und Gestaltung der Rechtschreib-Stars

Die Rechtschreib-Stars wecken sowohl durch ihren Aufbau als auch durch ihre Gestaltung die Übungsfreude des Kindes.
Alle wichtigen rechtschriftlichen Lernthemen einer Jahrgangsstufe finden sich in einer sinnvollen Übungsabfolge im Heft. Die Übungen zu einem bestimmten rechtschriftlichen Phänomen werden übersichtlich auf einer Doppelseite angeboten.
Wiederkehrende Übungsformen ermöglichen es dem Kind, die Aufgaben weitgehend ohne Hilfe von Erwachsenen zu lösen. Grundlegende Arbeits- und Lerntechniken werden so kontinuierlich wiederholt, hilfreiche Rechtschreibstrategien entwickelt und gesichert. Diese werden nicht als fertige Regel präsentiert. Vielmehr erhalten die Kinder die Möglichkeit, durch vielfältigen Umgang mit Wörtern Strategien zu entdecken, sie zu überprüfen und anzuwenden.
Mit dem beigelegten Lösungsheft können Lernergebnisse selbstständig kontrolliert und reflektiert werden. Lernbegleiter ist der Pelikan Pepe, er gibt Tipps und Anregungen und macht wichtige Erkenntnisse immer wieder bewusst.

Die Inhalte der Rechtschreib-Stars orientieren sich auch an der Entwicklung der individuellen Fähigkeiten im Richtigschreiben. So wird, auch durch einen flexiblen Einsatz des vorhergehenden und des nachfolgenden Heftes, eine individuelle Förderung des jeweiligen Kindes ermöglicht.

Die farbenfrohe, kindgerechte Gestaltung ermuntert zu selbstständiger und motivierter Arbeit. So setzt das Kind sich kontinuierlich und mit Freude mit den Heftinhalten auseinander und erzielt dadurch individuelle Lernfortschritte, die auch durch die Vielzahl farbiger Illustrationen angebahnt und unterstützt werden.

Informationen für Eltern und Lehrer

Wie Kinder richtig schreiben lernen

Anfangs schreiben Kinder wie sie sprechen, sie entwickeln Freude am Schreiben, das Richtigschreiben ist dabei unbedeutend. Erst im Vergleich mit der allgemeingültigen Rechtschreibung und durch gezielt angeregte Reflexion erkennen Kinder, dass viele Wörter anders geschrieben als gesprochen werden.

Neben dem individuellen Zugriff des Kindes kann eine typische Abfolge im Erwerb rechtschriftlicher Kompetenzen angenommen werden, was die folgende Tabelle aufzeigt:

Ein Stufenmodell der Rechtschreibentwicklung

Regelgeleitete Konstruktionen	„Lernwörter"	Bemerkungen
1. Willkürliche Buchstabenfolgen, „Pseudowörter" oder Kritzelschrift	Die Buchstaben eines Wortes werden ohne Bezug zum Lautwert auswendig gelernt (z. B. eigener Name). Nur wenige Wörter können erworben werden.	Wegen fehlender Unterstützung durch die gesprochene Sprache kommt es oft zu Buchstabenauslassungen und Umstellungen
2. Erste Versuche, die gesprochene Sprache zu „übersetzen": *Beginnende („rudimentäre") phonemische Strategie*, z. B. – TG = Tiger – HS = Haus.	Wie unter 1., aber das Auswendiglernen wird schon durch einige erkannte Buchstaben-Laut-Beziehungen gestützt. Immer noch sehr wenige Lernwörter.	Erwerb von Phonem-Graphem-Korrespondenzen
3a. *Entfaltete phonemische Strategie*. Es werden jetzt mehr Laute eines Wortes wiedergegeben, z. B. – WOKE = Wolke, – HUT = Hund.	Phonemisch gestützte Speicherung von Lernwörtern. Beginn der Entwicklung einer „Rechtschreibsprache"; auch visuelle und graphomotorische Lernhilfen	

Lösungen Rechtschreib-Stars 2
(zum Heraustrennen die mittlere Klammer lösen)

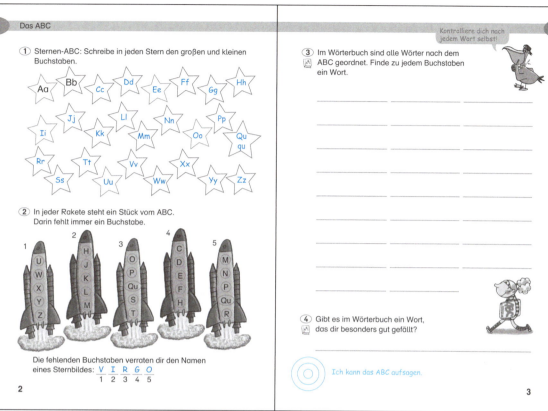

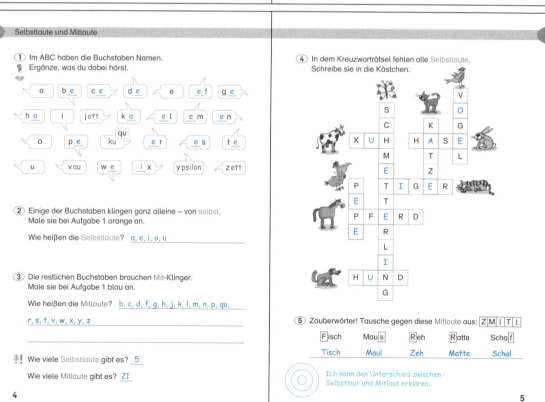

Umlaute

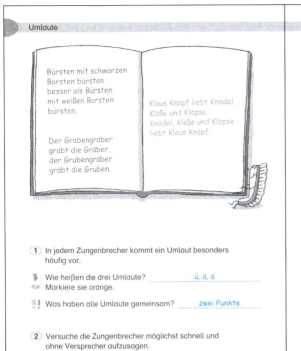

① In jedem Zungenbrecher kommt ein Umlaut besonders häufig vor.
- Wie heißen die drei Umlaute? __ü, ä, ö__
- Markiere sie orange.
- Was haben alle Umlaute gemeinsam? __zwei Punkte__

② Versuche die Zungenbrecher möglichst schnell und ohne Versprecher aufzusagen.

③ Wandle um: a wird zu ä
o wird zu ö
u wird zu ü.

Denke bei den Umlauten immer an die zwei Punkte.

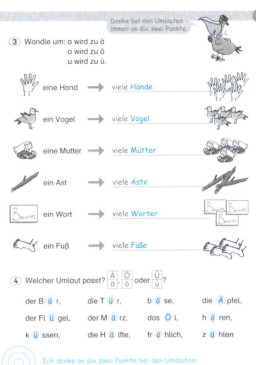

eine Hand → viele Hände
ein Vogel → viele Vögel
eine Mutter → viele Mütter
ein Ast → viele Äste
ein Wort → viele Wörter
ein Fuß → viele Füße

④ Welcher Umlaut passt? Ä/ä, Ö/ö oder Ü/ü?

der B __ä__ r, die T __ü__ r, b __ö__ se, die __Ä__ pfel,
der Fl __ü__ gel, der M __ä__ rz, das __Ö__ l, h __ö__ ren,
k __ü__ ssen, die H __ä__ lfte, fr __ö__ hlich, z __ä__ hlen

○ Ich denke an die zwei Punkte bei den Umlauten.

Kurzer Selbstlaut ⊙ oder langer Selbstlaut ▭?

① Diese Maschine sortiert die Wörter nach kurzen und langen Selbstlauten.

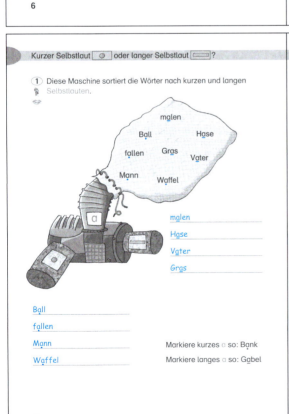

malen
Hase
Vater
Gras

Ball
fallen
Mann
Waffel

Markiere kurzes a so: Ba̭nk
Markiere langes a so: Ga̱bel

② Sortiere und markiere:

kurzes e	langes e
nett	Zeh
Bett	Regen
Heft	schwer

kurzes i	langes i
still	Biene
Pizza	Wiese
Mittwoch	lieb

kurzes o	langes o
toll	Monat
Sonne	Hose
Pommes	Cola

kurzes u	langes u
bunt	Fuß
Luft	Blume
Kuss	Juli

○ Kurze und lange Selbstlaute kann ich auseinanderhalten.

Harte und weiche Mitlaute: b – p

1 Halte deine Hand ganz nah vor den Mund.
Sage einmal b und einmal p. Was fällt dir auf?

2 Kreise die Dinge, die mit einem B anfangen, grün ein.
Kreise die Dinge, die mit einem P anfangen, braun ein.

3 Setze zu Wörtern zusammen:

sie-	ge-	sieben
le-	ben	leben
blei-	lie-	bleiben
	schrei-	schreiben
		lieben
		geben

pier	pa	Papier
ket	Pa-	Paket
	nama	Paris
ris	pagei	Papagei
		Panama
		Papa

4 Schwierig zu lesen?
Schreibe die Wörter noch einmal in die Zeile darunter.

Brause	Blüte	bringen	Probe
Brause	Blüte	bringen	Probe

Ich kann B/b und P/p unterscheiden.

Harte und weiche Mitlaute: d – t

1 Halte deine Hand ganz nah vor den Mund.
Sage einmal d und einmal t.
Was fällt dir auf?

2 Kreise die Dinge, die mit einem D anfangen, grün ein.
Kreise die Dinge, die mit einem T anfangen, braun ein.

3 In jeder Zeile hat sich ein Wort versteckt.
Rahme farbig ein.

G	m	ü	d	e	B	f	p
Y	d	r	e	i	O	Q	Y
y	J	L	e	u	t	e	M
B	r	u	d	e	r	Z	A
T	i	e	r	o	N	w	r
Z	M	T	a	g	S	k	v
l	f	d	u	n	k	e	l
h	i	n	t	e	n	m	X

4 Sortiere die Wörter aus Aufgabe 3:

Wörter mit D/d am Anfang	Wörter mit d in der Mitte
drei	müde
dunkel	Bruder
Wörter mit T/t am Anfang	**Wörter mit t in der Mitte**
Tier	Leute
Tag	hinten

müde, drei, Leute, Bruder, Tier, Tag, dunkel, hinten

Ich kann D/d und T/t unterscheiden.

Harte und weiche Mitlaute: g – k

① Halte deine Hand ganz nah vor den Mund.
Sage einmal g und einmal k.
Was fällt dir auf?

② Kreise die Dinge, die mit einem G anfangen, grün ein.
Kreise die Dinge, die mit einem K anfangen, braun ein.

Überprüfe mit dem Trick von Aufgabe 1.

③ Setze die richtigen Wörter in die Lücken ein.
Markiere jeweils k mit Braun und g mit Grün.

Einer der zwölf Monate heißt ____Oktober____.
Eine Woche hat sieben ____Tage____.
Im Herbst ____danken____ wir für die reiche Ernte.
Meine Regenjacke hängt am ____Haken____.
Die Vögel ____sagen____ den Frühling an.
Der ____Verkehr____ wird bei Glatteis gefährlich.

danken Oktober Verkehr Tage Haken sagen

④ Welch ein Durcheinander! Schreibe die Wörter.

die ____Gabel____   die ____Kerze____

das ____Paket____   die ____Säge____

Ich kann G/g und K/k unterscheiden.

Harte und weiche Mitlaute

① Die Mitlaute B/b, P/p, D/d, T/t, G/g und K/k (Seiten 10–15)
lassen sich in zwei Gruppen einteilen.
Ordne richtig in die Sprechblasen.

wenig Luft   viel Luft

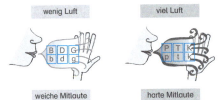

weiche Mitlaute   harte Mitlaute

② Entscheide: D/d oder T/t?
Schreibe das Wort noch einmal auf die Zeile und markiere mit der richtigen Farbe.

die Er_d_e   die _D_ose   die _T_an_t_e
die Erde   die Dose   die Tante

die Ern_t_e   die _T_ulpe   _d_unkel
die Ernte   die Tulpe   dunkel

ges_t_ern   re_d_en   gif_t_ig
gestern   reden   giftig

Prüfe mit deiner Hand.

③ Entscheide: G/g oder K/k?
Schreibe das Wort noch einmal auf die Zeile und markiere mit der richtigen Farbe.

die _K_lasse   das _G_eld   das Lexi_k_on
die Klasse   das Geld   das Lexikon

der Au_g_ust   mor_g_en   der O_k_tober
der August   morgen   der Oktober

e_g_al   die Ra_k_ete
egal   die Rakete

④ Entscheide: B/b oder P/p?
Schreibe das Wort noch einmal auf die Zeile und markiere mit der richtigen Farbe.

das _P_ony   die _P_izza   der _B_auch
das Pony   die Pizza   der Bauch

_b_aden   a_b_ends   der O_p_a
baden   abends   der Opa

die Am_p_el   ge_b_en   der Ne_b_el
die Ampel   geben   der Nebel

Ich kann harte und weiche Mitlaute unterscheiden.

Was wir sprechen, mit Buchstaben schreiben

① Wie viele Laute hörst du in jedem Wort?
Sprich die Wörter deutlich und male für jeden Laut einen Kreis.

die ◯◯◯◯◯   der ◯◯◯◯◯◯◯   der ◯◯◯◯

der ◯◯◯◯   der ◯◯◯◯   der ◯◯◯◯

die ◯◯◯◯◯◯   der ◯◯◯◯   die ◯◯◯◯◯

das ◯◯◯◯   die ◯◯◯◯◯   die ◯◯◯◯◯

② Schreibe die Wörter. Sprich dabei langsam und deutlich mit.

die Hose   die Nase   die Lupe

die Lampe   das Gras   das Krokodil

?! Zähle die Laute eines Wortes. Zähle die Buchstaben, die du dafür geschrieben hast. Was stellst du fest?

Jedes Wort hat gleich viele Laute wie Buchstaben.

💬 ein Laut – ein Buchstabe ✏️

③ Bei jedem Wort fehlt etwas. Sprich deutlich mit.
Trage den fehlenden Buchstaben ein.

die T o m a t **e**   die A m **p** e l   das L e x i **k** o n
die ◯◯◯◯◯◯   die ◯◯◯◯◯   das ◯◯◯◯◯◯◯

der W **a** l   das N a s h o r **n**   das Z e b r **a**
der ◯◯◯   das ◯◯◯◯◯◯◯   das ◯◯◯◯◯

◎ Ich kann Laute und Buchstaben zuordnen.

Sil·ben·spra·che (1) 〰️

① Lies und schwinge die Bögen in der Luft mit.

E ne   be ne   sub tra he ne
di vi   da vi   do mi no
Eck   Speck   Dreck
und   du   bist   weg.

Teile von Wörtern kannst du schwingen.

② Wie viele Bögen brauchst du für diese Wörter?
Male für jeden Schwung einen Bogen.

⌣⌣   ⌣   ⌣

⌣   ⌣⌣⌣   ⌣

Diese Teile heißen Silben.

③ Verbinde die erste Silbe mit der passenden zweiten Silbe.
Schreibe die Wörter auf.

lau — fen   ru — fen
ma — len   spie — len
kle — ben   re — den
tan — zen   tra — gen

laufen   rufen
malen   spielen
kleben   reden
tanzen   tragen

④ Setze die Silben zusammen. Schreibe die Wörter auf.

| ME | KE | LO | DELN | NE | GUR | TE |
| TOR | TO | TE | MA | SA | NU | LAT |

die Gurke   die Tomate   der Salat

die Nudeln   die Torte   die Melone

◎ Ich kann Wörter in Silben zerlegen.

Sil_ben_spra_che (2)

1 Ordne die Wörter in den passenden Koffer.

Hut   Regenschirm   Buch   Mantel   Badehose   Tuch
Gürtel   Morgenmantel   Taschentuch   Schal   Malsachen
Unterhose   Taschenlampe   Bluse   Lexikon   Lego

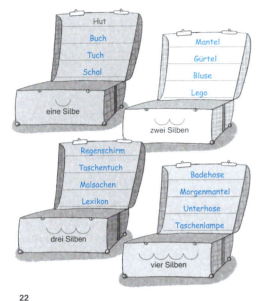

eine Silbe: Hut, Buch, Tuch, Schal
zwei Silben: Mantel, Gürtel, Bluse, Lego
drei Silben: Regenschirm, Taschentuch, Malsachen, Lexikon
vier Silben: Badehose, Morgenmantel, Unterhose, Taschenlampe

2 Male alle Selbstlaute und Umlaute orange an.

Rü_ben   Fe_der   Li_sa   Rä_der
U_hu   Mar_me_la_de   Ro_se
Ta_fel   Ro_si_ne   Lo_ko_mo_ti_ve

In jeder Silbe _ist ein Selbstlaut_.

3 Hier fehlen die klingenden Laute.
Ergänze sie orange. Schreibe die Wörter.
Zeichne die Silbenbögen.

o i ä i
e o e i e

G e s i cht   Z i tr o n e
das Gesicht   die Zitrone

K ä f i g   T e l e f o n
der Käfig   das Telefon

Ich erkenne die klingenden Laute in einer Silbe.

Stolperwörter und ihre Familien

1 Zwei Wörter gehören zur gleichen Familie.
Male sie jeweils mit der gleichen Farbe an.

der Baum   die Bäume   die Maus   die Mäuse
der Apfel die Äpfel   das Blatt die Blätter
das Haus   die Häuser   die Hand   die Hände

2 Ordne die Wörter aus Aufgabe 1 richtig zu.

die Hand ⟷ die Hände
das Blatt ⟷ die Blätter
der Apfel ⟷ die Äpfel
das Haus ⟷ die Häuser
die Maus ⟷ die Mäuse
der Baum ⟷ die Bäume

3 Suche den kürzeren Verwandten.

die Hunde — der Tag
die Kinder — der Dieb
die Berge — der Hund
die Tage — das Sieb
die Siebe — der Berg
die Diebe — das Kind

4 Schreibe das Tunwort in der er-Form dazu.

wir füllen — er füllt
wir stellen — er stellt
wir kommen — er kommt
wir rollen — er rollt
wir summen — er summt
wir zerren — er zerrt

Ich kann Wörter aus derselben Familie zuordnen.

Sch / sch

① 🔍 (Sch)(u)(l)(e) Wie viele Laute sprichst du? 4
✏️ S c h u l e Wie viele Buchstaben schreibst du? 6

② Ergänze die Lautkreise und die Zahlen.

	Laute		Buchstaben	
🪑	○○○	3	Tisch	5
✂️	○○○○	4	Schere	6
🌿	○○○	3	Busch	5
👜	○○○○	4	Tasche	6
🎁	○○○○○○	6	Geschenk	8
🦢	○○○○	4	Schwan	6

❗ Vergleiche die Anzahl der Buchstaben und Laute.
Was fällt dir auf? Warum ist das so?

Es sind immer 2 Buchstaben mehr als Laute,

weil in jedem Wort ein **sch** vorkommt.

26

③ Setze Sch/sch ein.

die Mu_sch_el   die Fla_sch_e   der _Sch_uh
wa_sch_en   ra_sch_eln   die _Sch_walbe
der _Sch_mutz   die _Sch_wester   der _Sch_nee
klat_sch_en   die Kir_sch_e   der _Sch_metterling

④ Gestalte die Muschel.
Schreibe alle Wörter von Aufgabe 3 schön in die Muschel.
Kreise Sch/sch ein.

die Mu(sch)el
der (Sch)mutz
klat(sch)en
wa(sch)en
ra(sch)eln
die Kir(sch)e
die (Sch)wester
die Fla(sch)e
der (Sch)metterling
der (Sch)uh
die (Sch)walbe
der (Sch)nee

Ich weiß, dass ich beim **sch** nur einen Laut höre,
aber drei Buchstaben schreibe.

27

---

ch

① 🔍 (s)(u)(ch)(e)(n) Wie viele Laute sprichst du? 5
✏️ s u ch e n Wie viele Buchstaben schreibst du? 6

ch
Ich spreche
einen Laut ...

❗ Ich spreche **einen** Laut und schreibe 2 Buchstaben.

② In jeder Zeile hat sich ein Wort versteckt.
Finde alle Wörter mit **ch** und schreibe sie auf.
Kreise alle **ch** farbig ein.

A	G	H	K	I	R	C	H	E	Kir(ch)e
T	A	C	H	O	B	F	E	J	Tacho oder ach
F	K	U	C	H	E	N	S	K	Kuchen
L	P	O	M	N	A	C	H	T	Nacht oder acht
R	S	G	E	S	I	C	H	T	Gesicht oder ich
V	F	R	Ü	C	H	T	E	U	Früchte
B	U	C	H	P	A	L	U	W	Buch
R	B	R	Ö	T	C	H	E	N	Brötchen

28

③ Gestalte den Drachen.
Schreibe die Wörter mit **ch** in den Drachen.
Kreise **ch** ein.

wachsen
das Dach
der Bach
die Sachen
das Tuch
das Gesicht
die Milch
lachen
der Kuchen
rechnen
reich
die Woche
weich
acht
nicht

wa(ch)sen
das Da(ch)
der Ba(ch)
die Sa(ch)en
das Tu(ch)
das Gesi(ch)t
die Mil(ch)
la(ch)en
der Ku(ch)en
re(ch)nen
rei(ch)
die Wo(ch)e
wei(ch)
a(ch)t
ni(ch)t

der Kuchen
rechnen
reich
die Woche
weich
acht

Ich weiß, dass ich beim **ch** nur einen Laut höre,
aber zwei Buchstaben schreibe.

29

ng

la(ng)sam

Bei (ng) klingt nur __1__ Laut, aber ich schreibe __2__ Buchstaben.

① Schreibe die Wörter auf.

das Di
der Kla
e
la
der Go

ng

- das Ding
- der Klang
- eng
- lang
- der Gong

der Ju
die Schla
die Za
die Zu
die Me

ng e

- der Junge
- die Schlange
- die Zange
- die Zunge
- die Menge

der E
der Be
der Hu
si
bri

ng el / er / en

- der Engel
- der Bengel
- der Hunger
- singen
- bringen

② Schreibe die Wörter an die passende Stelle in das Wortgitter.

das	B	i	ng	o		die Angel
der	F	i	ng	e	r	der Finger
die	L	u	ng	e		die Klingel
das	D	i	ng			der Stängel
die	K	l	i	ng	e	l	das Ding
	die	A	ng	e	l		die Lunge
der	S	t	ä	ng	e	l	das Bingo

③ Reime.

si(ng)en   schwi(ng)en   zwi(ng)en

kl**ingen**   br**ingen**   schl**ingen**

Wa(ng)e   Di(ng)   fa(ng)en

St**ange**   R**ing**   b**angen**

○ Ich weiß, dass ich beim ng nur einen Laut höre, aber zwei Buchstaben schreibe.

Pf / pf

① Markiere alle Pf/pf blau.

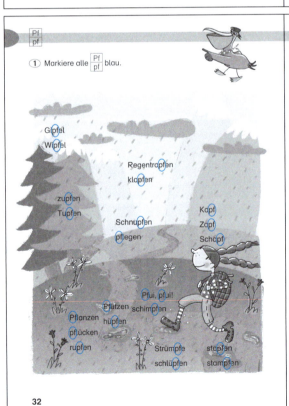

Gipfel, Wipfel, Regentropfen, klopfen, zupfen, Tupfen, Schnupfen, Kopf, Zopf, pflegen, Schopf, Pfui, pfui!, Pfützen, schimpfen, Pflanzen, hüpfen, pflücken, rupfen, Strümpfe, schlüpfen, stapfen, stampfen

② Male ein eigenes Regenbild und schreibe eine Geschichte mit vielen Pf/pf Wörtern.

Zeige diese Seite einem Erwachsenen.

○ Mir gefallen mein Bild und meine Geschichte.

Wörter abschreiben

So kannst du Wörter richtig und schnell abschreiben.

 Ich schaue das Wort genau an.

 Gibt es für mich schwierige Stellen? Ich markiere sie.

 Ich merke mir das Wort.

 Ich schreibe es auswendig auf.

 Ich kontrolliere Buchstabe für Buchstabe. Fehler bessere ich aus.

Schreibe die Wörter ab.
Decke dazu das Wort mit einem Blatt ab, wenn du es dir gemerkt hast.

heiß	heiß
der Apfel	der Apfel
spielen	spielen
klein	klein
der Herbst	der Herbst
richtig	richtig
das Papier	das Papier
das Thermometer	das Thermometer
gehen	gehen
der Stift	der Stift
der Schmetterling	der Schmetterling

Ich kann mir die Wörter gut merken.

---

a und u zusammen werden au

Doppellaut Au/au

① Lauter Wörter mit Au/au. Schreibe sie auf. Kreise Au/au ein.

Au○○ H(au)○ Z○○ ○○○
Auto   Haus   Zaun   Baum

② Noch mehr Au/au-Wörter. Spure alle Au/au farbig nach.

Auge   sch**au**en
die Fr**au**   k**au**fen
die R**au**pe   br**au**n
die **Au**fgabe   br**au**chen

❓! Forsche im Wörterbuch nach Wörtern mit Au/au. Schreibe sie auf.

e und i zusammen werden ei

Doppellaut Ei/ei

Ich höre ai, aber ich schreibe ei.

① Errätst du die Wörter mit Ei/ei? Setze ein. Kreise Ei/ei ein.

| Leiter | klein | Schwein | heiter | fein |

Der Zwerg ist   klein   .
Das Essen ist   fein   .
Es quiekt ein rosa   Schwein   .
Der Frosch sitzt auf der   Leiter   .
Das Wetter wird wohl   heiter   .

② Viele Wörter mit Ei/ei! Spure alle Ei/ei farbig nach.

l**ei**se   arb**ei**ten
das Eis   f**ei**n   die Z**ei**t   r**ei**ch
w**ei**t   l**ei**cht
sch**ei**nen   z**ei**gen   kl**ei**n   schr**ei**ben

❓! Forsche im Wörterbuch nach Wörtern mit Ei/ei. Schreibe sie auf.

e und u zusammen werden eu

Doppellaut Eu/eu

Ich höre oi, aber ich schreibe eu.

1 Welche Wörter reimen sich?
Male die Kästchen in der gleichen Farbe aus.

■ Leute	● neu	■ heute	▲ Feuer	◆ Keule
✕ Eulen	◆ Beule	▲ teuer	✕ heulen	● Heu

2 Errätst du die Wörter? Schreibe sie in das Wortgitter.

Menschen, die sich mögen:	die	F	r	eu	n	d	e
Geldstück, mit dem man bezahlen kann:	der		Eu	r	o		
Dort lagert man Heu:	die		Sch	eu	n	e	
Es knistert und knackt und ist heiß:	das		F	eu	e	r	

3 Schreibe die Wörter aus der Eule nach dem ABC geordnet auf.
Markiere alle Eu/eu farbig.

die Freunde
die Eule   euch
         neun
die Leute
   der Beutel

der Beutel
euch
die Eule
die Freunde
die Leute
neun

Qu/qu

Ich höre kw, aber ich schreibe qu.

1 Markiere das Qu/qu farbig.
Trage die Wörter in die richtigen Lücken ein.

| quaken | Qualm | quieken | Quark |
| Quartett | Qualle | quatschen | Quadrat |

Aus dem Kamin steigt _____Qualm_____ auf.
Ich esse gerne _____Quark_____.
☐ Das ist ein _____Quadrat_____.
Wir spielen oft _____Quartett_____.
Die _____Qualle_____ schwimmt im Meer.
Frösche _____quaken_____.
Schweinchen _____quieken_____.
Kinder _____quatschen_____ gerne.

2 Male Qu/qu-Wörter und schreibe das Wort dazu.

 die Qualle

Zeige deine Wörter einem Erwachsenen oder suche sie in einem Wörterbuch.

St/st

1 Welche Buchstaben fehlen?

Scht — S_t_ern
Scht — S_t_ein
Scht — S_t_rumpf
Scht — S_t_uhl

2 Ergänze (St) farbig.

der _St_iefel
die _St_unde
der _St_ock
der _St_ift
der _St_all

Ergänze (st) farbig.

_st_ehen
_st_ellen
_st_reicheln
_st_ecken
_st_römen

3 Schreibe die Wörter von Aufgabe 2. Markiere St/st farbig.

der (St)iefel
die (St)unde
der (St)ock
der (St)ift
der (St)all

(st)ehen
(st)ellen
(st)reicheln
(st)ecken
(st)römen

---

4 Markiere alle St/st farbig. Setze die Wörter richtig ein.

(st)inken (st)olpert (St)all (St)rumpf (St)örche (st)ehlen

_____Störche_____ bauen ihr Nest auf Kirchtürmen.
Tiere wohnen in einem _____Stall_____.
Misthaufen _____stinken_____.
Diebe _____stehlen_____.
Stefan _____stolpert_____ über einen Stein.
Ein Loch im _____Strumpf_____ muss man stopfen.

Auch in der Mitte von Wörtern spricht man manchmal (scht), aber man schreibt (st).

5 Trage (st) ein. Schreibe die Wörter.

der Blei_st_ift — der Bleistift
der Kuh_st_all — der Kuhstall
der Schaukel_st_uhl — der Schaukelstuhl
ab_st_ellen — abstellen
auf_st_ehen — aufstehen
ein_st_ecken — einstecken

Sp / sp

1 Welche Buchstaben fehlen?

S p echt   S p uren

S p atz   S p inne

2 Ergänze (Sp) farbig.   Ergänze (sp) farbig.

der Sp ort   sp ielen
die Sp ange   sp aren
der Sp inat   sp rechen
die Sp aghetti   sp ringen
der Sp eicher   sp üren

3 Schreibe die Wörter von Aufgabe 2. Kreise alle Sp/sp farbig ein.

der (Sp)ort   (sp)ielen
die (Sp)ange   (sp)aren
der (Sp)inat   (sp)rechen
die (Sp)aghetti   (sp)ringen
der (Sp)eicher   (sp)üren

4 Ordne richtig zu. Schreibe die Wörter an die passende Stelle. Markiere alle Sp/sp.

(Sp)ort (Sp)iegel (Sp)uren (sp)ülen (sp)uken

Ich schaue in den _____ Spiegel _____.
Ich mag nicht gerne Geschirr _____ spülen _____.
Wir werden fit durch _____ Sport _____.
Gespenster _____ spuken _____.
Im Schnee sind _____ Spuren _____.

Auch in der Mitte von Wörtern spricht man manchmal (schp), aber man schreibt (sp)!

5 Trage (sp) bunt ein und schreibe die Wörter.

das Ge sp enst   das Gespenst
der Weit sp rung der Weitsprung
der Bunt sp echt der Buntspecht
ab sp ülen   abspülen
vor sp ielen   vorspielen
der Dreck sp atz der Dreckspatz

---

ie

1 Ordne die Wörter in die richtige Spalte.

Stift Ziege Wiese Kiste Zwiebel Finger Riese Pilz
Biene Prinz Kind   Wind   Wiege   Pinsel Brief Tier

ie	i
Ziege	Stift
Wiese	Kiste
Zwiebel	Finger
Riese	Pilz
Biene	Prinz
Wiege	Kind
Brief	Wind
Tier	Pinsel

Lies abwechselnd ein Wort aus der linken Spalte und ein Wort aus der rechten Spalte. Hörst du einen Unterschied beim i?

Bei Wörtern mit ie wird das i lang gesprochen.
Bei Wörtern nur mit i wird das i kurz gesprochen.

2 Reime und markiere ie farbig.

die Wiese   lieben
der R(ie)se   s(ie)ben
viel   das Klavier
das Sp(ie)l   das Pap(ie)r

Denke daran: langes i meistens ie

3 Rätselwörter mit **ie**. Markiere in der Antwort alle **ie**.

Sie summt durch die Luft und steckt ihren Kopf in Blüten.
Ein Tier, das meckert und einen Bart hat.

die B(ie)ne   die Z(ie)ge

Der Zwerg ist klein, groß ist der …
Ein Baby wird darin in den Schlaf geschaukelt.

der R(ie)se   die W(ie)ge

4 Schreibe hier deine **ie**-Wörter. Verwende das Wörterbuch.

Ich kenne viele Wörter mit ie.

Das Ende kann täuschen

1 Was haben alle diese Wörter gemeinsam? Markiere gelb.

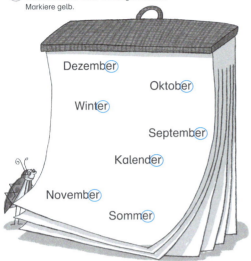

Dezember
Oktober
Winter
September
Kalender
November
Sommer

?! Warum musst du bei diesen Wörtern am Ende aufpassen?

Nur wenn ich deutlich spreche, bemerke ich das **-er**.

2 Wie heißen die einzelnen Wörter? Zeichne nach jedem Wort einen Strich ein.

FÜLLER | KÄFER | COMPUTER
BRUDER | WASSER | ZUCKER

3 Schreibe die Wörter mit ihrem Begleiter auf. Markiere **-er** jeweils gelb.

der Füll**er**   der Brud**er**
der Käf**er**   das Wass**er**
der Comput**er**   der Zuck**er**

4 Verbinde und sprich deutlich.

Fenst — Fenster
Fing — Finger
Schwest — **-er** — Schwester
Wett — Wetter
Zimm — Zimmer

○ Ich spreche die Wörter deutlich.

Das Ende kann täuschen

1 Was haben alle diese Wörter gemeinsam? Markiere gelb.

Flügel
Schnabel
Vogel
Himmel
Stängel
Igel
Apfel

?! Warum musst du bei diesen Wörtern am Ende aufpassen? Was hörst du am Ende?

Wenn ich undeutlich spreche, höre ich nur ein l ohne das **e**.

2 Wie heißen die Wörter? Markiere **-el** jeweils gelb.

die Gab**el**   der Ig**el**

die Wurz**el**   die Zwieb**el**

3 Geheimschrift! Welche Wörter mit **-el** von diesen Seiten verstecken sich hier?

| I | g | e | l | | A | p | f | e | l |

der Igel   der Apfel

| Z | w | i | e | b | e | l | | V | o | g | e | l |

die Zwiebel   der Vogel

○ Ich kenne mindestens sechs Wörter, die man am Ende mit **-el** schreibt.

Das Ende kann täuschen

① Was haben alle diese Wörter gemeinsam?
Markiere gelb.

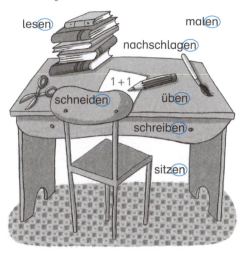

les(en), mal(en), nachschlag(en), schneid(en), üb(en), schreib(en), sitz(en)

❓❗ Warum musst du bei diesen Wörtern am Ende aufpassen?
Was hörst du am Ende?

Wenn ich undeutlich spreche, höre ich am Ende

nur ein **n** ohne das **e**.

② Silbenpuzzle! Setze zu Wörtern zusammen.
Markiere **-en** jeweils gelb.

ba	kle	schla	ho	spie	re	la
chen	fen	ben	len	den	len	den

bad(en), kleb(en), schlag(en), hol(en),

spiel(en), red(en), lach(en)

③ Schreibe hier alle Wörter mit der Endung **-en** auf,
die dir einfallen:

Zeige deine Wörter einem Erwachsenen oder suche sie in einem Wörterbuch.

Ich lasse mich von den Enden nicht täuschen.

Namenwörter

„Name" heißt auf lateinisch „Nomen".

① Hier kannst du malen.

deine Mama — deinen Papa — dich selbst — deine Lehrerin/deinen Lehrer

Wie heißen diese Personen?
Zeige diese Wörter einem Erwachsenen.

② Wie heißen diese Tiere?

der Elefant — der Fisch — der Hase — der Bär

③ Wie heißen diese Pflanzen?

der Baum — das Gras — die Blume — die Palme

④ Wie heißen diese Dinge?

das Fenster — der Hut — die Leiter — die Tasche

❓❗ Menschen, Tiere, Pflanzen und Dinge haben Namen.
Deshalb gehören diese Wörter zu den ___Namenwörtern___.
Diese schreibe ich ___groß___.

⑤ Jedes Namenwort hat einen Begleiter: der, die oder das?

das Kamel	_der_ Tisch	_die_ Marie
der Salat	_der_ Kaktus	_die_ Ameise
die Tulpe	_der_ Kilian	_die_ Schultasche

⑥ Die meisten Namenwörter gibt es in der Einzahl und Mehrzahl:

das Heft — die Hefte der Vogel — die Vögel
die Kuh — die Kühe die Frau — die Frauen
der Busch — die Büsche das Foto — die Fotos

Ich erkenne Namenwörter.

Sätze abschreiben

Lies den ganzen Satz, bevor du abschreibst.

Lange Sätze kann ich nicht auf einmal schreiben.
Ich merke mir immer einen Teil davon,
das kann auch nur ein schwieriges Wort sein.

 Ich schaue mir einen Teil des Satzes genau an.

 Gibt es für mich schwierige Stellen? Ich markiere sie.

 Ich merke mir den Teil des Satzes.

 Ich schreibe ihn auswendig auf.

 Ich kontrolliere Buchstabe für Buchstabe. Fehler bessere ich aus.

Schreibe ab.

Heute kommt Julian zu Besuch.
Wir wollen am Computer spielen.
Julian gewinnt.
Die Zeit vergeht sehr schnell und schon muss Julian nach Hause.

Heute kommt Julian zu Besuch.

Wir wollen am Computer spielen.

Julian gewinnt.

Die Zeit vergeht sehr schnell und schon muss Julian nach Hause.

Ich kann gut Sätze abschreiben.

Der Satzanfang

① Lies die Geschichte. Markiere alle Punkte ⬜, Ausrufezeichen ! und Fragezeichen ? mit Farbe.

Leonie hat heute Geburtstag.
Was schenken ihr Mama und Papa?
Einen Hund! Den wollte Leonie schon immer.
Später kommen alle Freunde zur Feier.
Ein toller Geburtstag!

❓❗ Was fällt dir bei den Wörtern nach ., ! und ? auf?

Am Satzanfang schreibe ich immer ___groß___ !

② Schreibe die Geschichte ab.
Markiere alle Großbuchstaben am Satzanfang
(nach ., ! und ?) mit Farbe.

Leonie hat heute Geburtstag.

Was schenken ihr wohl Mama und Papa?

Einen Hund! Den wollte Leonie schon immer.

Später kommen alle Freunde zur Feier.

Ein toller Geburtstag!

Der Großschreibautomat

① Dieser Automat hilft dir bei der Großschreibung.

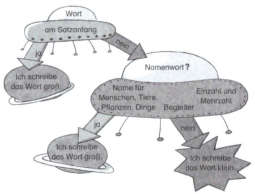

② Entscheide nun selbst. Schreibe die Sätze richtig auf.

LEONIE BEKOMMT VIELE GESCHENKE.
AUF DEM KUCHEN SIND SIEBEN KERZEN.
DER HUND BELLT.

Leonie bekommt viele Geschenke.

Auf dem Kuchen sind sieben Kerzen.

Der Hund bellt.

Ich weiß, wann ich ein Wort groß schreiben muss.

Merk-würdige Wörter

Pepe entdeckt merk-würdige Wörter.

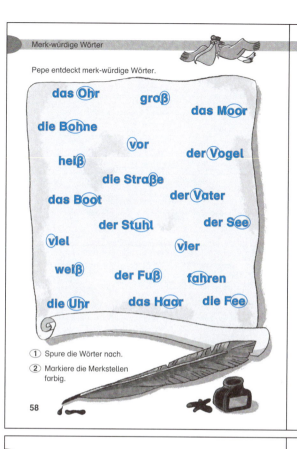

① Spure die Wörter nach.
② Markiere die Merkstellen farbig.

③ Pepe ordnet die Wörter so. Schreibe weiter.

h	der Stuhl		v	vor
	das Ohr			der Vogel
	die Bohne			der Vater
	fahren			vier
	die Uhr			viel

aa oo ee	das Moor		ß	groß
	das Boot			heiß
	der See			die Straße
	das Haar			der Fuß
	die Fee			weiß

Ich erkenne Merkstellen.

Merkwörter (1)

① So arbeitest du mit der Wörterliste:
a) Wort ablesen, Merkstelle nennen.
b) Wort abdecken und auswendig aufschreiben.
c) Merkstelle farbig markieren.
d) Wort überprüfen.

Ohr mit „h"
Namenwort – groß
das Ohr	das Ohr	☑
die Uhr	die Uhr	☐
fahren	fahren	☐

Moos mit ...
das Moos	das Moos	☐
das Haar	das Haar	☐
der See	der See	☐

vier mit ...
vier	vier	☐
der Vogel	der Vogel	☐
der Vater	der Vater	☐

groß mit ...
groß	groß	☐
der Fuß	der Fuß	☐
die Straße	die Straße	☐

② In jeder Zeile hat sich ein Merkwort versteckt.
Markiere die Merkstellen farbig.

A	L	T	K	B	O	O	T	V	das Boot
I	V	I	E	L	R	L	T	M	viel
K	O	R	O	H	R	E	V	I	das Ohr
L	H	E	I	ß	P	N	O	Ü	heiß
A	L	G	F	E	E	O	R	E	die Fee
T	N	E	F	S	V	O	R	G	vor
I	U	H	R	N	S	T	A	R	die Uhr
P	W	E	I	ß	I	L	K	O	weiß

③ Finde fix! Schlage im Wörterbuch nach.
Was steht bei deinem Wort? Schreibe auf.

heiß	
viel	
der Schuh	
das Haar	
der Fuß	

Ich finde die Wörter im Wörterbuch.

Merkwörter (2)

1. Würfeldiktat:

Würfle einen Satz.
Schreibe den Satz in die leere Zeile.
Markiere die Merkstellen.
Würfle einen neuen Satz.

Joker: Du darfst einen Satz auswählen.

Wir fahren mit dem Boot.

Wir f(ah)ren mit dem B(oo)t.

Die Fee hat lange Haare.

Die F(ee) hat lange H(aa)re.

Mein Vater ist groß.

Mein (V)ater ist gro(ß).

Ich trage weiße Schuhe.

Ich trage wei(ß)e Sch(uh)e.

Wir wandern an einen See.

Wir wandern an einen S(ee).

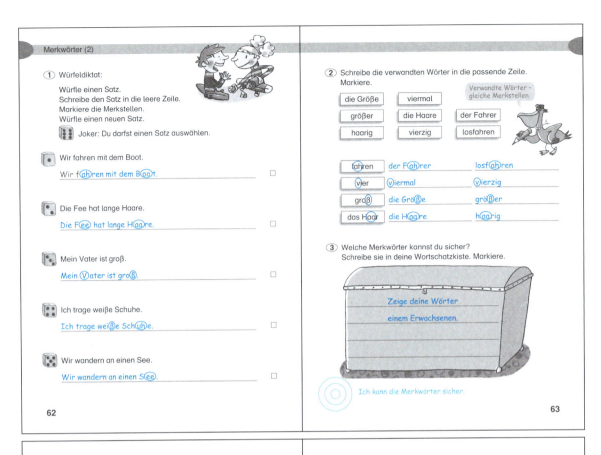

2. Schreibe die verwandten Wörter in die passende Zeile.
Markiere.

Verwandte Wörter – gleiche Merkstellen.

die Größe	viermal
größer	die Haare	der Fahrer
haarig	vierzig	losfahren

fahren	der F(ah)rer	losf(ah)ren
(v)ier	(v)iermal	(v)ierzig
gro(ß)	die Gro(ß)e	gro(ß)er
das H(aa)r	die H(aa)re	h(aa)rig

3. Welche Merkwörter kannst du sicher?
Schreibe sie in deine Wortschatzkiste. Markiere.

Zeige deine Wörter einem Erwachsenen.

Ich kann die Merkwörter sicher.

Alles Chinesisch?

In China werden die Wörter
nicht aus einzelnen Buchstaben
zusammengesetzt.
Dort lernen die Kinder
für fast jedes Wort
ein eigenes Schriftzeichen.

Und das sind ziemlich viele –
bis zu 15 000 Zeichen!

Hier siehst du
vier deiner Merkwörter
in Chinesisch geschrieben.

Rate erst, wie das Wort heißen könnte.

Probiere dann selbst einmal, Chinesisch zu schreiben …

家長	儀錶	湖	公路
Vater	Uhr	See	Straße
家長	儀錶	湖	公路

3b. *Voll entfaltete phonemische Strategie*, z. B. lesn = lesen, manchmal Wiedergabe phonetischer Nuancen, z. B. – Phaul = Paul, – Khint = Kind.	Mit zunehmender Entfaltung der phonemischen Strategie können immer mehr Lernwörter gelernt werden. Behalten werden müssen vor allem die *Abweichungen von phonemischen Konstruktionen*, z. B. das zweite <t> in „Bett", das <e> in „liebe" etc.	Die phonemische Strategie überwiegt oft das Abrufen von Lernwörtern: phonemische Konstruktionen (z. B. Rola, komt, sie) oft auch bei Lernwörtern aus der Fibel.
4. *Entfaltete phonemische Strategie*, korrigiert durch strukturelle Regelmäßigkeiten, z. B. – les**e**n, – Ga**b**el.	Wie 3., zusätzliche Lernhilfe durch Erkennen von strukturellen Regelmäßigkeiten.	Ohne besondere Zuwendung der Aufmerksamkeit (Briefschreiben, Aufsätze) oft Bevorzugung von Konstruktionen über Lernwörter.
5. Wie 4., weiteres Erkennen und Anwenden von orthographischen Strukturen, z. T. explizit vermittelt, z. B. – Auslautverhärtung, – Vorsilben ver-, vor-, – Morpheme -ig, -lich, -ung.	Wie 3a. und 3b., zusätzliche Lernhilfen durch Kenntnisse weiterer orthographischer Regelmäßigkeiten, z. B. – Hun**d**, – **ver**gessen, – fröh**lich**. Leichter Erwerb von Lernwörtern.	Häufig Übertragung der erkannten orthographischen Regelmäßigkeiten auf ungeeignete Fälle („Übergeneralisierungen"), z. B. – Rezebt, – **ver**tig, – St**rung** (Strunk)
6. Allmähliches Überwiegen des Abrufens von Lernwörtern über Konstruktionen („Automatisierung"); Reihenfolge der Buchstaben beim Schreiben wird aber immer noch von der gesprochenen Sprache begleitet und geleitet. Phonemische und orthographische Konstruktionen sind möglich.		

Aus: Ingrid M. Naegele, Renate Valtin, Grundlagen und Grundsätze der Lese-Rechtschreibförderung. LRS – Legasthenie in den Klassen 1–10. Beltz: Weinheim und Basel [6]2003

Im Bemühen richtig zu schreiben, beginnen Kinder, über die Rechtschreibung von Wörtern nachzudenken. Die Rechtschreib-Stars unterstützen diesen Prozess, indem sie Kinder anregen, sich auf einer Metaebene mit Sprache auseinanderzusetzen. Die Annäherung an die rechtschriftliche

Informationen für Eltern und Lehrer

Norm erfolgt individuell und nicht linear von falsch zu richtig. Fehler sind in diesem Prozess normal, sie geben Hinweise auf die individuelle Lernentwicklung.
Durch das Nachdenken über Geschriebenes wird in einem lebenslangen Prozess das individuelle Rechtschreibverständnis den allgemeinen Rechtschreibkonventionen angeglichen.

Die Rechtschreib-Stars im Unterricht

Die Rechtschreib-Stars können als unterrichtsbegleitende Übungshefte eingesetzt werden.

Mit der ergänzenden *Lernstandsdiagnose Deutsch 2 Rechtschreibung* kann auf einfache Weise das Kompetenzprofil eines Kindes ermittelt werden. Die elektronische Auswertungshilfe gibt automatisch Hinweise auf die Förderung des einzelnen Schülers, einer Fördergruppe und im Klassenverband.

(2) Male ein eigenes Regenbild und schreibe eine Geschichte mit vielen Pf/pf Wörtern.

korrigiert:

Wörter abschreiben

So kannst du Wörter richtig und schnell abschreiben.

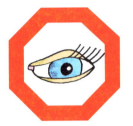
Ich schaue das Wort genau an.

Gibt es für mich schwierige Stellen? Ich markiere sie.

Ich merke mir das Wort.

Ich schreibe es auswendig auf.

Ich kontrolliere Buchstabe für Buchstabe. Fehler bessere ich aus.

Schreibe die Wörter ab.
Decke dazu das Wort mit einem Blatt ab,
wenn du es dir gemerkt hast.

heiß	
der Apfel	
spielen	
klein	
der Herbst	
richtig	
das Papier	
das Thermometer	
gehen	
der Stift	
der Schmetterling	

korrigiert:

a und u zusammen werden au

Doppellaut Au/au

1 Lauter Wörter mit Au/au. Schreibe sie auf. Kreise Au/au ein.

Au ○ ○   H au ○   Z ○ ○   ○ ○ ○

_____   _____   _____   _____

2 Noch mehr Au/au-Wörter. Spure alle Au/au farbig nach.

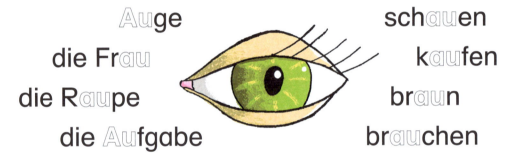

Auge   schauen
die Frau   kaufen
die Raupe   braun
die Aufgabe   brauchen

?! Forsche im Wörterbuch nach Wörtern mit Au/au. Schreibe sie auf.

korrigiert: ☆

e und i zusammen werden ei

Ich höre ai, aber ich schreibe ei.

Doppellaut Ei/ei

1 Errätst du die Wörter mit Ei/ei? Setze ein. Kreise Ei/ei ein.

| Leiter   klein   Schwein   heiter   fein |

Der Zwerg ist _____.

Das Essen ist _____.

Es quiekt ein rosa _____.

Der Frosch sitzt auf der _____.

Das Wetter wird wohl _____.

2 Viele Wörter mit Ei/ei! Spure alle Ei/ei farbig nach.

leise   arbeiten

das Eis   fein   die Zeit   reich

weit   leicht

scheinen   klein   schreiben

zeigen

?! Forsche im Wörterbuch nach Wörtern mit Ei/ei. Schreibe sie auf.

korrigiert:

e und u zusammen werden eu

Doppellaut Eu / eu

Ich höre oi, aber ich schreibe eu.

1 Welche Wörter reimen sich?
Male die Kästchen in der gleichen Farbe aus.

Leute	neu	heute	Feuer	Keule
Eulen	Beule	teuer	heulen	Heu

2 Errätst du die Wörter? Schreibe sie in das Wortgitter.

Menschen, die sich mögen: die ⬜⬜ eu ⬜⬜

Geldstück, mit dem man bezahlen kann: der Eu

Dort lagert man Heu: die ⬜ eu ⬜

Es knistert und knackt und ist heiß: das ⬜ eu ⬜

3 Schreibe die Wörter aus der Eule nach dem ABC geordnet auf.
Markiere alle Eu / eu farbig.

die Freunde
die Eule
euch
neun
die Leute
der Beutel

korrigiert:

Ich höre kw, aber ich schreibe qu.

1 Markiere das Qu/qu farbig.

Trage die Wörter in die richtigen Lücken ein.

| quaken | Qualm | quieken | Quark |
| Quartett | Qualle | quatschen | Quadrat |

Aus dem Kamin steigt _____ auf.

Ich esse gerne _____ .

☐ Das ist ein _____ .

Wir spielen oft _____ .

Die _____ schwimmt im Meer.

Frösche _____ .

Schweinchen _____ .

Kinder _____ gerne.

2 Male Qu/qu -Wörter und schreibe das Wort dazu.

die Qualle

korrigiert: ☆

St
st

1 Welche Buchstaben fehlen?

Scht

___ ___ern

Scht

___ ___ein

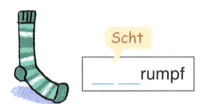

Scht

___ ___rumpf

Scht

___ ___uhl

2 Ergänze (St) farbig.

der ____iefel

die ____unde

der ____ock

der ____ift

der ____all

Ergänze (st) farbig.

____ehen

____ellen

____reicheln

____ecken

____römen

3 Schreibe die Wörter von Aufgabe 2. Markiere St/st farbig.

_____

_____

_____

_____

4 Markiere alle St/st farbig. Setze die Wörter richtig ein.

| stinken | stolpert | Stall | Strumpf | Störche | stehlen |

_____ bauen ihr Nest auf Kirchtürmen.

Tiere wohnen in einem _____ .

Misthaufen _____ .

Diebe _____ .

Stefan _____ über einen Stein.

Ein Loch im _____ muss man stopfen.

Auch in der Mitte von Wörtern spricht man manchmal (scht), aber man schreibt (st).

5 Trage (st) ein. Schreibe die Wörter.

der Blei___ift _____

der Kuh___all _____

der Schaukel___uhl _____

ab___ellen _____

auf___ehen _____

ein___ecken _____

korrigiert:

1 Welche Buchstaben fehlen?

Schp ___echt

Schp ___uren

Schp ___atz

Schp ___inne

2 Ergänze (Sp) farbig.   Ergänze (sp) farbig.

der ___ort   ___ielen

die ___ange   ___aren

der ___inat   ___rechen

die ___aghetti   ___ringen

der ___eicher   ___üren

3 Schreibe die Wörter von Aufgabe 2. Kreise alle Sp/sp farbig ein.

_____

_____

_____

_____

42

4 Ordne richtig zu. Schreibe die Wörter an die passende Stelle.
Markiere alle Sp/sp.

| Sport   Spiegel   Spuren   spülen   spuken |

Ich schaue in den _____.

Ich mag nicht gerne Geschirr _____.

Wir werden fit durch _____.

Gespenster _____.

Im Schnee sind _____.

Auch in der Mitte von Wörtern spricht man manchmal (schp), aber man schreibt (sp)!

5 Trage (sp) bunt ein und schreibe die Wörter.

das Ge____enst _____

der Weit____rung _____

der Bunt____echt _____

ab____ülen _____

vor____ielen _____

der Dreck____atz _____

korrigiert: ☆

ie

1 Ordne die Wörter in die richtige Spalte.

Stift   Ziege   Wiese   Kiste   Zwiebel   Finger   Riese   Pilz
Biene   Prinz   Kind   Wind   Wiege   Pinsel   Brief   Tier

ie	i

?! Lies abwechselnd ein Wort aus der linken Spalte und ein Wort aus der rechten Spalte. Hörst du einen Unterschied beim i ?

> Denke daran:
> langes i meistens ie

2 Reime und markiere **ie** farbig.

die Wiese					lieben

der R_____				s_____

viel						das Klavier

das Sp_____			das Pap_____

3 Rätselwörter mit **ie**. Markiere in der Antwort alle **ie**.

Sie summt durch die Luft und steckt ihren Kopf in Blüten.

die _____

Ein Tier, das meckert und einen Bart hat.

die _____

Der Zwerg ist klein, groß ist der …

der _____

Ein Baby wird darin in den Schlaf geschaukelt.

die _____

4 Schreibe hier deine **ie**-Wörter. Verwende das Wörterbuch.

korrigiert:

Das Ende kann täuschen

(1) Was haben alle diese Wörter gemeinsam?
Markiere gelb.

Dezember
Oktober
Winter
September
Kalender
November
Sommer

?! Warum musst du bei diesen Wörtern am Ende aufpassen?

_____

_____

2 Wie heißen die einzelnen Wörter?
Zeichne nach jedem Wort einen Strich ein.

FÜLLERKÄFERCOMPUTER

BRUDERWASSERZUCKER

3 Schreibe die Wörter mit ihrem Begleiter auf.
Markiere **-er** jeweils gelb.

der F

4 Verbinde und sprich deutlich.

Fenst

Fing

Schwest   -er

Wett

Zimm

korrigiert:

Das Ende kann täuschen

1 Was haben alle diese Wörter gemeinsam?
Markiere gelb.

?! Warum musst du bei diesen Wörtern am Ende aufpassen?
Was hörst du am Ende?

② Wie heißen die Wörter? Markiere **-el** jeweils gelb.

 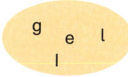

die _____   der _____

die _____   die _____

③ Geheimschrift! Welche Wörter mit **-el** von diesen Seiten verstecken sich hier?

der _____   der _____

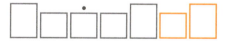   

die _____   der _____

korrigiert:

Das Ende kann täuschen

1 Was haben alle diese Wörter gemeinsam? Markiere gelb.

?! Warum musst du bei diesen Wörtern am Ende aufpassen? Was hörst du am Ende?

_____

_____

2 Silbenpuzzle! Setze zu Wörtern zusammen.
Markiere **-en** jeweils gelb.

ba	kle	schla	ho	spie	re	la
chen	fen	ben	len	den	len	den

_____

_____

_____

_____

3 Schreibe hier alle Wörter mit der Endung **-en** auf,
die dir einfallen:

korrigiert:

Namenwörter

"Name" heißt auf lateinisch "Nomen".

① Hier kannst du malen.

deine Mama   deinen Papa   dich selbst   deine Lehrerin/ deinen Lehrer

Wie heißen diese Personen?

_____   _____   _____   _____

② Wie heißen diese Tiere?

_____   _____   _____   _____

③ Wie heißen diese Pflanzen?

_____   _____   _____   _____

4 Wie heißen diese Dinge?

_____   _____   _____   _____

?! Menschen, Tiere, Pflanzen und Dinge haben Namen.

Deshalb gehören diese Wörter zu den _____.

Diese schreibe ich _____.

5 Jedes Namenwort hat einen Begleiter: der, die oder das?

_____ Kamel   _____ Tisch   _____ Marie

_____ Salat   _____ Kaktus   _____ Ameise

_____ Tulpe   _____ Kilian   _____ Schultasche

6 Die meisten Namenwörter gibt es in der Einzahl und Mehrzahl:

das Heft   die _____   der Vogel _____

die Kuh   _____   die Frau   _____

der Busch _____   das Foto   _____

korrigiert:

Sätze abschreiben

Lies den ganzen Satz, bevor du abschreibst.

Lange Sätze kann ich nicht auf einmal schreiben.
Ich merke mir immer einen Teil davon,
das kann auch nur ein schwieriges Wort sein.

 Ich schaue mir einen Teil des Satzes genau an.

 Gibt es für mich schwierige Stellen? Ich markiere sie.

 Ich merke mir den Teil des Satzes.

 Ich schreibe ihn auswendig auf.

 Ich kontrolliere Buchstabe für Buchstabe. Fehler bessere ich aus.

Schreibe ab.

Heute kommt Julian zu Besuch.
Wir wollen am Computer spielen.
Julian gewinnt.
Die Zeit vergeht sehr schnell und schon muss
Julian nach Hause.

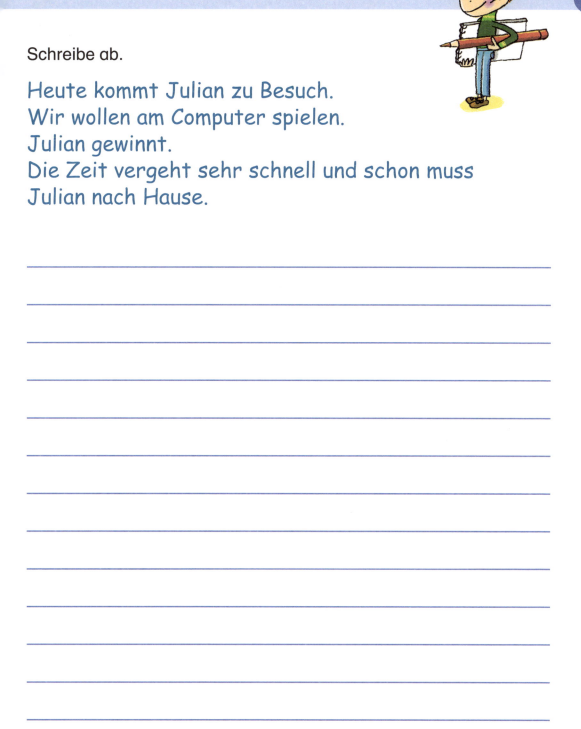

korrigiert:

Der Satzanfang

1 Lies die Geschichte. Markiere alle Punkte .,
Ausrufezeichen ! und Fragezeichen ? mit Farbe.

Leonie hat heute Geburtstag.
Was schenken ihr Mama und Papa?
Einen Hund! Den wollte Leonie schon immer.
Später kommen alle Freunde zur Feier.
Ein toller Geburtstag!

?! Was fällt dir bei den Wörtern nach ., ! und ? auf?

Am Satzanfang schreibe ich immer _____ !

2 Schreibe die Geschichte ab.
Markiere alle Großbuchstaben am Satzanfang
(nach ., ! und ?) mit Farbe.

_____

_____

_____

_____

_____

korrigiert: ☆

Der Großschreibautomat

1 Dieser Automat hilft dir bei der Großschreibung.

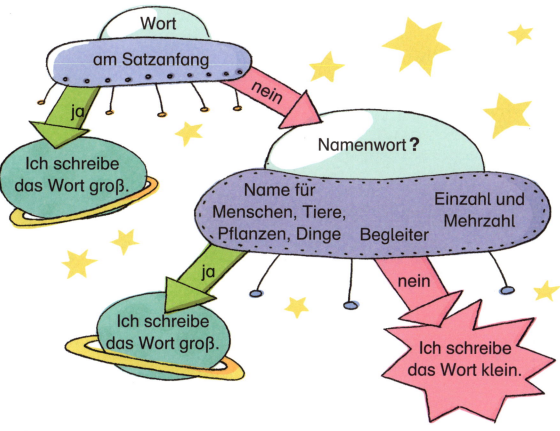

2 Entscheide nun selbst. Schreibe die Sätze richtig auf.

LEONIE BEKOMMT VIELE GESCHENKE.
AUF DEM KUCHEN SIND SIEBEN KERZEN.
DER HUND BELLT.

korrigiert:

Merk-würdige Wörter

Pepe entdeckt merk-würdige Wörter.

das Ohr
groß
das Moor
die Bohne
vor
der Vogel
heiß
die Straße
der Vater
das Boot
der Stuhl
der See
viel
vier
weiß
der Fuß
fahren
die Uhr
das Haar
die Fee

1 Spure die Wörter nach.

2 Markiere die Merkstellen farbig.

③ Pepe ordnet die Wörter so. Schreibe weiter.

h	der Stuhl
v	
aa oo ee	
ß	

korrigiert:

Merkwörter (1)

1 So arbeitest du mit der Wörterliste:

a) Wort ablesen, Merkstelle nennen.
b) Wort abdecken und auswendig aufschreiben.
c) Merkstelle farbig markieren.
d) Wort überprüfen.

*Ohr mit „h"
Namenwort – groß*

das Ohr	das Ohr ✓
die Uhr	die ☐
fahren	☐

Moos mit ...

das Moos	☐
das Haar	☐
der See	☐

vier mit ...

vier	☐
der Vogel	☐
der Vater	☐

groß mit ...

groß	☐
der Fuß	☐
die Straße	☐

2 In jeder Zeile hat sich ein Merkwort versteckt.
Markiere die Merkstellen farbig.

| A | L | T | K | B | O | O | T | V | das Boot
| I | V | I | E | L | R | L | T | M | _____
| K | O | R | O | H | R | E | V | I | das _____
| L | H | E | I | ß | P | N | O | Ü | _____
| A | L | G | F | E | E | O | R | E | die _____
| T | N | E | F | S | V | O | R | G | _____
| I | U | H | R | N | S | T | A | R | die _____
| P | W | E | I | ß | I | L | K | O | _____

3 Finde fix! Schlage im Wörterbuch nach.
Was steht bei deinem Wort? Schreibe auf.

heiß _____
viel _____
der Schuh _____
das Haar _____
der Fuß _____

korrigiert:

Merkwörter (2)

1 Würfeldiktat:

Würfle einen Satz.
Schreibe den Satz in die leere Zeile.
Markiere die Merkstellen.
Würfle einen neuen Satz.

⚀⚅ Joker: Du darfst einen Satz auswählen.

⚀ Wir fahren mit dem Boot.

Wir f _____ ☐

⚁ Die Fee hat lange Haare.

_____ ☐

⚂ Mein Vater ist groß.

_____ ☐

⚃ Ich trage weiße Schuhe.

_____ ☐

⚄ Wir wandern an einen See.

_____ ☐

2 Schreibe die verwandten Wörter in die passende Zeile.
Markiere.

Verwandte Wörter – gleiche Merkstellen.

die Größe   viermal
größer   die Haare   der Fahrer
haarig   vierzig   losfahren

fahren _____ _____
vier _____ _____
groß _____ _____
das Haar _____ _____

3 Welche Merkwörter kannst du sicher?
Schreibe sie in deine Wortschatzkiste. Markiere.

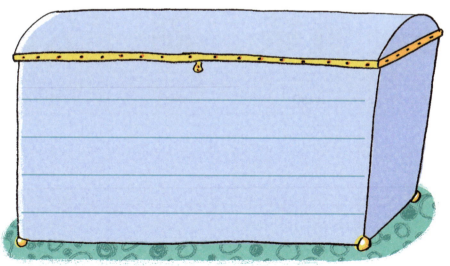

korrigiert:

Alles Chinesisch?

In China werden die Wörter
nicht aus einzelnen Buchstaben
zusammengesetzt.
Dort lernen die Kinder
für fast jedes Wort
ein eigenes Schriftzeichen.

Und das sind ziemlich viele –
bis zu 15 000 Zeichen!

Hier siehst du
vier deiner Merkwörter
in Chinesisch geschrieben.

Rate erst, wie das Wort heißen könnte.

Probiere dann selbst einmal, Chinesisch zu schreiben …

家長	儀錶	湖	公路
Vater	Uhr	See	Straße
家			